VORWORT

Jede Blume ist auf ihre Art und Weise wunderschön und einzigartig.
Ob als Geschenk oder draußen im eigenen Garten, durch sie wird das
Leben bunter und fröhlicher. Mit Hilfe von Blumen sprechen Menschen
schon seit Jahrhunderten eine Sprache, die ohne Worte auskommt.
Blumen helfen auch der Entspannung, die im hektischen Alltag mit vielen
Entscheidungen oft zu kurz kommt.
Wenn allerdings nach einem Tag voller Entscheidungen die Wahl der
passenden Farbpalette zu schwierig ist, sind diese Nachfahrmotive
perfekt geeignet, um auf eine Entdeckungsreise zu gehen.
Mit den einzigartigen Blumen in diesem Buch kannst du dich auf dich
selbst konzentrieren und dabei vollkommen entspannen.
Nutze diese Auszeit, um dich selbst wiederzuentdecken und
die Schönheit der Blumen zu genießen.

Zeit, einen Stift in die Hand zu nehmen! Auf den ersten 10 Seiten
gibt es Informationen und Tipps, wie du den richtigen Stift auswählst
und welche Farben miteinander harmonieren. Du kannst dich davon
inspirieren lassen, aber höre auch auf dein Bauchgefühl und
lasse deiner Fantasie freien Lauf.

PRIMÄR- UND SEKUNDÄRFARBEN

Alle Farben außer Schwarz, Weiß und Erdtöne
lassen sich aus den Primärfarben mischen.

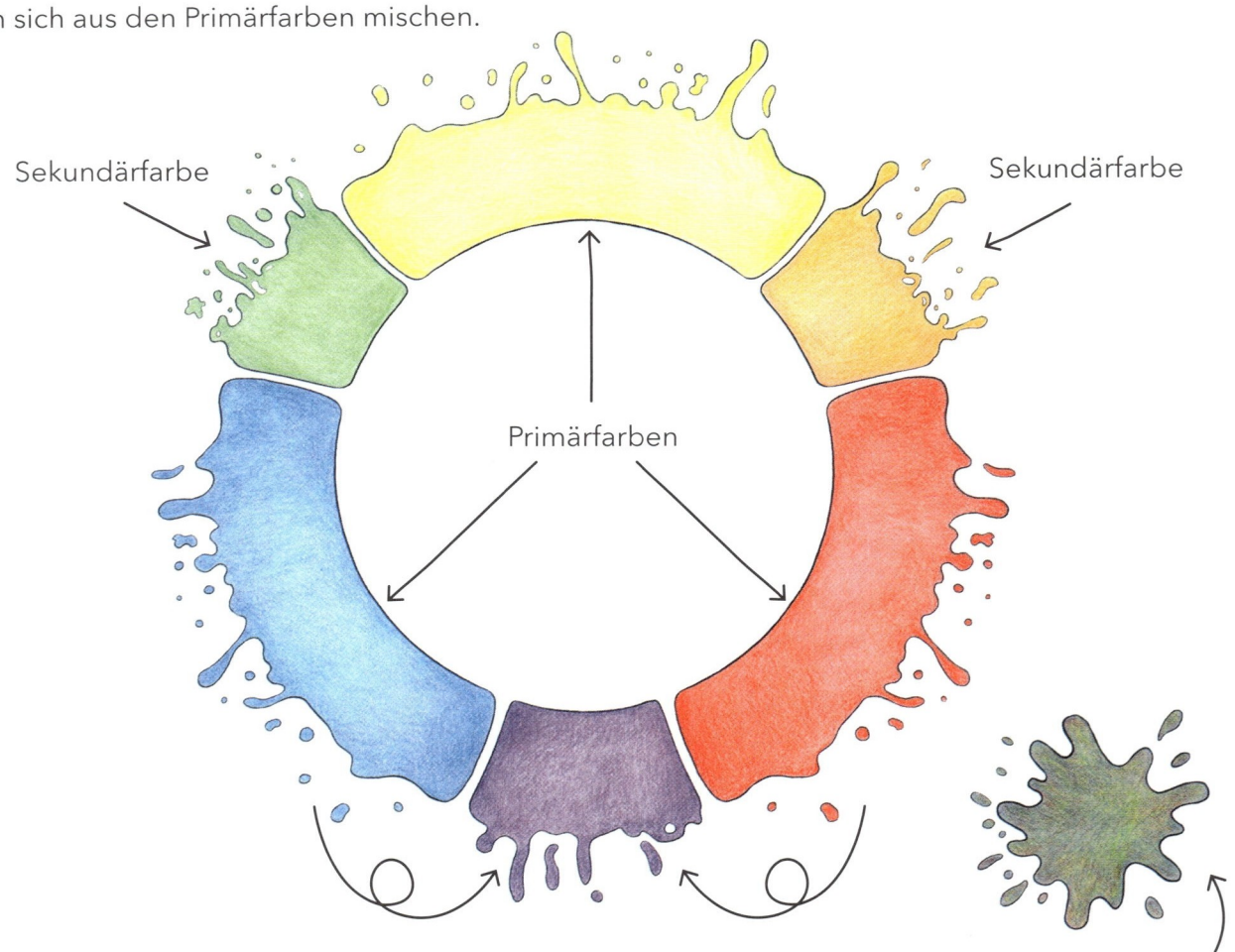

Sekundärfarbe

Sekundärfarbe

Primärfarben

Zwei Primärfarben vermischt
ergeben eine Sekundärfarbe.

Alle drei Primär-
farben vermischt
ergeben ein
dunkles Grau.

KOMPLEMENTÄRFARBEN

Farben, die sich im Farbkreis gegenüberstehen, nennt man Komplementärfarben.

TIPP: Direkt nebeneinander ergeben Komplementärfarben einen Farbkontrast. Das wirkt z.B. belebend.

Der Komplementärkontrast ist der stärkste Farbkontrast.

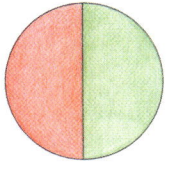

Rot & Grün

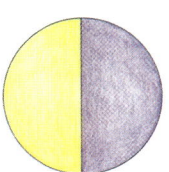

Gelb & Lila

Orange & Blau

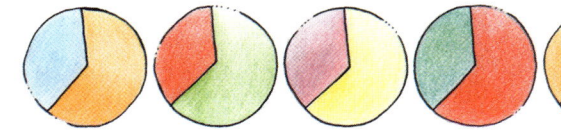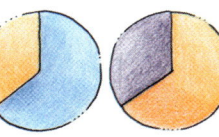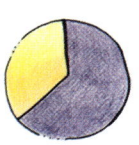

TIPP: Für ein harmonisches Bild mischst du die Farben am besten im Verhältnis 1:3.

STIFTAUSWAHL

Du kannst verschiedene Stifte zum Nachfahren verwenden. Kugelschreiber
und Fine Liner hast du wahrscheinlich am ehesten zur Hand. Auf den folgenden
Seiten siehst du, welchen
Effekt einzelne
Stifte haben.

BUNTSTIFT

FINELINER

BLEISTIFT

KUGELSCHREIBER

FILZSTIFT

GEL-GLITZERSTIFT

Hier siehst du das Beispielbild,
das sowohl nachgefahren als auch
ausgemalt wurde.

Jetzt kannst du alle Stifte testen,
die du benutzen willst. Los geht's!

WER *Blumen* LIEBT,

HAT AUCH *Phantasie.*

Aus China

Blumen **sind die** Liebes-gedanken **der Natur.**

Bettina von Arnim

DAS
Lächeln,
DAS DU AUSSENDEST,
KEHRT ZU DIR zurück.

Aus Indien

AN DIE *Berge*

SCHEINT DIE *Sonne* ZUERST.

Deutsches Sprichwort

EIN *Dankeswort* ZIERT DEN *Menschen* SO WIE DIE *Blumen* DAS HAUS.

DEM *Vogel* EIN NEST,
DER *Spinne* EIN NETZ,
DEM *Menschen* FREUNDSCHAFT.

William Blake

NUR *Liebe*

DARF DER LIEBE *Blumen*

BRECHEN.

Friedrich Schiller

AUF Regen

FOLGT Sonnenschein.

Deutsches Sprichwort

Freunde

SIND DIE **Blumen**

IM *Garten* DES LEBENS.

Unbekannt

Glücklich allein

IST DIE Seele, DIE LIEBT.

Johann Wolfgang von Goethe

BEIM Malen
VON Blumen
KOMMT MEIN GEIST ZUR Ruhe.

Auguste Renoir

SO WIE DIE DIE *Sonne*

DIE *Blumen* FÄRBT,

SO FÄRBT DIE *Kunst*

DAS *Leben.*

John Lubbock

DIE *Poesie*

IST DER *Schmetterling*

AUF DER *Blume* DER WELT.

Wolfgang Menzel

Lächle,
und die Welt
lächelt mit dir.

Unbekannt

Blumen

SIND DAS *Lächeln* DER ERDE.

Ralph Waldo Emerson

DU BIST SO
willkommen
WIE DIE Blume IM MAI.

Unbekannt

WENN SIE *blüht,*
IST JEDE **Blume** SCHÖN.

Richard Rothe

DEN *Strom* DER *Trauer* MILDERT,

WER IHN TEILT.

Edward Young

LASS' AUS MAUERN

Blumen WACHSEN,

DANN HAT DAS *Leben*

DIE OBERHAND.

Unbekannt

DIE *Schönheit*

IST DIE *Blüte*

DES *Glücks.*

Aus Japan

ENTGEGENGEBRACHTES
Vertrauen IST WIE
DIE Sonne, DIE BLUMEN
ZUM Entfalten BRINGT.

Unbekannt

Glücklich

IST NICHT, WER ANDEREN SO

vorkommt,

sondern WER SICH

SELBST DAFÜR HÄLT.

Lucius Annaeus Seneca

DIE *Lieb'* IST EINE
hübsche Blume,
DIE *Freundschaft*
EINE SÜßE FRUCHT.

August von Kotzebue

Blumen,

DIE MAN GESCHICKT BEKOMMT,

SIND VIEL spannender

ALS MITGEBRACHTE.

Franz Hessel

Am ruhigen Fluss ist das Ufer voller Blumen.

Aus China

WER SICH SELBST treu BLEIBEN WILL,
KANN NICHT IMMER anderen
treu bleiben.

Christian Morgenstern

DIE *Blume*
IST DAS *Lächeln*
DER *Pflanze.*

Peter Hille

Schöne Blumen

WACHSEN LANGSAM, NUR DAS

Unkraut HAT ES EILI.G

William Shakespeare

DIE *größten* MENSCHEN SIND JENE, DIE ANDEREN **Hoffnung** GEBEN KÖNNEN.

Jean Jaurès

Freundschaft
IST DIE Blüte
EINES Augenblicks
UND DIE Frucht
DER Zeit.

August von Kotzebue

EIN *Freund* IST JEMAND,

DER DEINEN

kaputten Zaun

ÜBERSIEHT, ABER DIE *Blumen*

DEINES *Gartens* BEWUNDERT.

Wilhelm Raabe

DER Weg

ZUM Ruhm IST NICHT BESTREUT

MIT Blumen.

Jean de La Fontaine

DIE schönsten Blumen BLÜHEN OFT IM Verborgenen.

Fernöstliche Weisheit

NICHTS ABER *erfreut* DIE *Seele* SO WIE EINE *treue* UND *liebevolle* Freundschaft.

Lucius Annaeus Seneca

GIB JEDEM TAG DIE

DIE *Chance,*

DER *schönste*

DEINES *Lebens*

ZU WERDEN.

Mark Twain

WAS DER
Sonnenschein
FÜR DIE Blumen,
IST DAS lachende
Gesicht FÜR DIE MENSCHEN.

Joseph Addison

ANDEREN EIN Lächeln ZU SCHENKEN, IST EIN Geschenk, DAS FAST IMMER ankommt — UND ZURÜCKKOMMT.

Ernst Ferstl

Die Erinnerungen sind gepresste Blumen im Buche unseres Lebens

Peter Sirius

Glück ist
das Einzige,
was wir anderen
geben können, ohne es
selbst zu haben.

Carmen Sylva

SOLANGE MAN *bewundern*

UND *lieben* KANN, IST MAN

immer jung.

Pai Casals

PFLÜCK DIE *Blumen,*
WENN SIE IN *Blüte* STEHEN.

Aus China

Farben SIND DAS **Lächeln** DER NATUR UND BLUMEN SIND IHR **Lachen.**

Leigh Hunt

Monde *Jahre* und vergehen,
aber ein *schöner Moment*
leuchtet das *Leben* hindurch.

Franz Grillparzer

GLÜCK IST

Selbst-
genügsamkeit.

Aristoteles

Das **Wunderbarste** an den **Wundern** ist, dass sie manchmal wirklich geschehen.

Gilbert Keith Chesterton

Honig WOHNT IN JEDER **Blume,** *Freude* AN JEDEM **Orte,** MAN MUSS NUR, WIE DIE **Biene,** SIE ZU FINDEN WISSEN.

Heinrich von Kleist

DEM **Fröhlichen** IST JEDES UNKRAUT EINE **Blume;** DEM BETRÜBTEN JEDE **Blume** EIN UNKRAUT.

Aus Finnland

Zufriedenheit ist der Stein der Weisen, der alles in Gold verwandelt, das er berührt.

Benjamin Franklin

DIE BLUME Geduld WÄCHST NICHT IN jedermanns Garten.

Aus England

IN JEDER

Finsternis LEUCHTET

ein Stern.

Unbekannt

IMPRESSUM

Illustrationen: Mila Dierksen
Produktmanagement: Lisa Braunert
Cover: Petra Schmidt
Satz: tebitron gmbh, Gerlingen
Herstellung: Jessica Siebert
Druck: POLYGRAF PRINT spol. s r.o.

2. Auflage 2024
© 2024 frechverlag GmbH, Dieselstr. 5, 70839 Gerlingen,
einem Unternehmen der Penguin Random House Verlagsgruppe GmbH, München

ISBN: 978-3-7358-8089-5 • Best.-Nr. 28089

MIX
Papier | Fördert gute Waldnutzung
FSC® C023577

Penguin Random House
Verlagsgruppe
FSC® N001967